CERTIFICADO DE GARANTIA DE NAMORO

Love & Love do Brasil

MATRIX

PARABÉNS. Você está iniciando um belo relacionamento.

Sempre que necessário, consulte o Manual de Instruções de seu parceiro. Fique atento à forma de utilização e aos cuidados necessários para a perfeita conservação do seu namoro. Esta garantia não compreende problemas resultantes de mau uso do seu sentimento, descuido com a outra parte ou situações não previstas neste Certificado. Portanto, basicamente, ame e seja amado.

A Love & Love do Brasil S.A., empresa estabelecida no coração de quem se apaixona, oferece esta garantia a quem arranjou um amor, de acordo com os seguintes termos.

Condições Gerais

1. A Love & Love do Brasil garante que o seu namoro será muito legal, desde que você se dedique à pessoa a ser namorada, sem chateações, sem pegação no pé, e desde que a outra parte também goste muito de você e faça o mesmo, com o único propósito de vocês serem felizes.
2. Se você der beijos e abraços sinceros, a tendência é de que você receba beijos e abraços sinceros, na mesma proporção ou em proporção ainda maior.
3. Amor é assim: quanto mais você divide, mais ele se multiplica.
4. Despesas de presentes, almoços, transportes, jantares e outras serão por conta do namorado e da namorada, segundo critérios a serem definidos pelos dois. Se o rapaz vai ser cavalheiro e pagar a conta, se os dois vão dividir, isso é coisa que vocês definem.

5. Esta garantia não previne pisadas de bola da outra parte. Quando possível, tais falhas deverão ser imediatamente corrigidas por meio de sinceros pedidos de desculpas.
6. Os namorados deverão se apresentar um ao outro sempre no maior clima de amor, bonitos, dispostos a namorar bastante, a dar e a ganhar carinho.
7. Esta garantia será válida se este certificado estiver corretamente preenchido e sem rasuras.

Prazo da Garantia

Esta garantia tem início no começo do relacionamento e não tem prazo para terminar. Portanto, aproveite ao máximo o seu sentimento.

Trocas

Não serão admitidas trocas durante a vigência deste termo. Para ter acesso a um novo relacionamento, é necessário encerrar o anterior.

O que não está coberto por esta garantia

1. **Perda.** O risco de perder um amor faz parte da vida. Se você não quer correr esse risco, cuide muito bem do seu amor. Não precisa amarrá-lo. Confie em você, no seu poder de amar, dê muito carinho e atenção e o seu parceiro vai estar sempre ligado em você.

2. **Roubo de beijos**. Roubar um beijo, assim inesperadamente, é sempre bom e faz a relação ficar ainda melhor.

3. **Ciúmes.** Se você confia no seu taco, não há por que ter ciúmes. Isso não é prova de amor e só vai fazer você envenenar a relação.

Componentes e acessórios

Seu(sua) namorado(a) deve vir com estes itens básicos. Recuse o produto se não estiver completo com os itens a seguir:

1. Abraços carinhosos
2. Beijos ardentes e deliciosos
3. Declarações de amor sinceras
4. Bom humor
5. Olhar de apaixonado(a)
6. Mãos macias, gostosas de apertar, para andar por aí de mãos dadas.

Assistência Técnica

Namorar é uma coisa muito boa que mexe muito com suas emoções. É muito bom falar do que acontece com seu coração para a pessoa amada e ser retribuído.

No entanto, pode acontecer de você querer falar disso com alguém. Por isso, recomendamos que você consulte estes postos autorizados:

1. **Ouvido de amigo(a)** – atende às suas alegrias, suas expectativas, suas dúvidas, suas angústias. Atende sete dias por semana, de domingo a domingo, desde que você seja um(a) amigo(a) de primeira linha.
2. **Psicólogo** – às vezes o sentimento é tão forte e mexe tanto com você que te desequilibra todo(a). Nessa hora, é importante saber que você pode contar com um profissional que vai lhe indicar caminhos para aproveitar melhor a sua paixão.
3. **Pai ou mãe** – eles já passaram por isso, já viveram experiências parecidas e são sempre um porto seguro na hora de dar conselhos, mesmo que você não queira falar nada, apenas ganhar um colo básico.

SAC – Serviço Amoroso ao Consumidor

Ao começar um namoro, certifique-se da autenticidade do que você está sentindo. Você gosta mesmo da pessoa por quem está interessado(a)? Quer fazê-la feliz e ser feliz ao lado dela?

Se você respondeu "sim" a essas questões, pode ir em frente.

Para isso, esteja disponível para o(a) seu(sua) namorado(a). Afinal, quem se gosta quer mais é aproveitar as festas, os passeios, os jantares e os muitos outros programas que vocês poderão fazer juntos.

Anote aqui os telefones em que você pode ser encontrado(a):

Casa ( ) ____________________

Celular ( ) ____________________

Exija sempre amor original. Recuse imitações.

"Amo como ama o amor. Não conheço nenhuma outra razão para amar senão amar. Que queres que te diga, além de que te amo, se o que quero dizer-te é que te amo?"

Fernando Pessoa

Tabela de revisões

Faça revisões frequentes para ver se tudo está indo bem no seu relacionamento.

	Nunca	Às vezes	Sempre
Envio de presentes			
Apresentar-se arrumado(a)			
Elogios para você			
Ser carinhoso			
Telefonar			
Lembrar-se do aniversário de namoro			
Aviso de atrasos para compromissos			

Preencha os dados para que seu Certificado seja válido.

____
Nome do namorado

____
Nome da namorada

Data de início
do relacionamento ___/___/______

Caso você não tenha ainda iniciado o relacionamento e esteja querendo usar este Certificado como um presente para passar uma cantada, tudo bem: marque a data da entrega do presente.

Dados técnicos dos namorados

Ele

Altura
Cabelos
Olhos

Ela

Altura
Cabelos
Olhos

Combata a pirataria

Você é único. Não há ninguém igual a você. Não há nenhum amor como o seu. Quando você demonstra esse amor por aí, não tem pra ninguém. Mas, para isso, é bom se cuidar. Principalmente nas redes sociais e nas suas mensagens de e-mail. Não empreste sua senha a ninguém. Afinal, só faltava alguém pegar o seu perfil ou fazer um perfil falso e sair paquerando por aí, manchando a sua reputação.

Observação importante

Namoro é um relacionamento sofisticado. A Love & Love do Brasil S.A. recomenda que você se familiarize com as instruções fornecidas pelo fabricante do ser amado (você pode ver detalhes com o pai ou a mãe dessa pessoa).

Love & Love do Brasil S.A.
Uma empresa 100% amor
Endereço: Coração dos Apaixonados S/N.

Capa e Diagramação
Tabata Resende

Revisão
Adriana Parra

Dados Internacionais de Catalogação na Publicação (CIP)
SINDICATO NACIONAL DOS EDITORES DE LIVROS, RJ.

Tadeu, Paulo, 1964-
Certificado de garantia de namoro / Paulo Tadeu. - São Paulo : Matrix, 2011.

1. Namoro. 2. Relação homem-mulher. I. Título.

11-2401. CDD: 306.7
CDU: 392.4